Höflichsein ist hüpfeleicht

Eine Geschichte von Christine Merz
mit Bildern von Betina Gotzen-Beek

HERDER
FREIBURG · BASEL · WIEN

Tim und Emma dürfen mit dem Zug zu Tante Kitty in Ferien fahren. Sie freuen sich, denn Tante Kitty ist eine Super-Ferientante. Sie hat zwei Katzen, einen großen Garten und macht gerne Ausflüge mit den Kindern. Meistens ist sie lustig und gut gelaunt – außer wenn es um Höflichkeit geht. Da versteht Tante Kitty keinen Spaß.

„Ein bisschen Höflichkeit erwarte ich einfach!", sagt sie immer. „Damit wird die Welt gleich ein Stück freundlicher!"

„Dumm ist nur", meint Emma im Zug zu Tim, „dass ich gar nicht so richtig weiß, was sie mit Höflichkeit meint!"

Der ältere Herr im Zugabteil wendet sich an Tim und Emma: „Wenn ihr wollt", sagt er, „können wir gemeinsam überlegen, was alles zum Höflichsein gehört. Ich finde Höflichkeit nämlich auch richtig gut!"

Emma legt den Kopf schief und sagt zu dem Herrn: „Das wäre sehr nett … vielen Dank!" Der ältere Herr lacht: „Und schon sind wir mitten in der Frage, was höflich ist. Du", er zeigt auf Emma, „warst eben sehr höflich, als du dich bedankt hast. Denn Danke sagen gehört unbedingt zum Höflichsein! Während es ein bisschen unfreundlich von euch war zu flüstern. Das ist unhöflich, wenn andere Menschen im Raum sind."

„Fangen wir aber ganz von vorne an!", sagt der Herr im Zugabteil. „Auch ich war eben nicht so ganz höflich. Man sollte sich nämlich vorstellen und den anderen freundlich begrüßen, wenn man jemanden anspricht! Also: Guten Tag ihr zwei, mein Name ist Theodor Großejakob!"

Guten Tag,
ich heiße Emma.

„Höflichsein ist eigentlich nicht schwer", erklärt Herr Großejakob. „Jeder muss nur mit dem anderen so umgehen, wie er sich das für sich selbst wünscht."
„Sag ich dem Tim immer!", bestätigt Emma, „wenn er mir die Filzstifte vom Schreibtisch wegholt!"
Herr Großejakob sagt zu Tim: „Du könntest deine Schwester ja auch fragen, dann …"
„Ich weiß, ich weiß!", ruft Tim dazwischen. „Bitte sagen!" Und Emma fügt hinzu: „Genau! Und dann Danke!"

Bitte, Emma, schenkst du mir deine Filzstifte?
Nee, verschenken will ich sie nicht, aber weil du Bitte sagst, leih ich sie dir.

„Bitte und Danke kennt ihr also schon!“, lobt Herr Großejakob. „Eines allerdings müsst ihr noch üben. Es hat niemand gern, wenn er mitten im Satz unterbrochen wird! Ich wollte vorhin gern ausreden, da bist du mitten in meinen Satz geplatzt.“

„Au backe!“, sagt Tim.

Herr Großejakob lacht. „Den andern nicht unterbrechen, das fällt auch manchen Erwachsenen schwer. Man muss immer wieder üben, zu warten, bis sich eine Pause ergibt oder der andere ausgeredet hat, bevor man selbst loslegt ...“

Ich weiß was, wir machen es wie in der Schule: Wer was sagen will, der streckt!
Genau, du streckst und ich nehm dich dran!

Die Zugabteiltür geht auf. Eine Frau mit einem großen Koffer kommt herein. Herr Großejakob steht auf. „Kann ich Ihnen helfen, Ihr Gepäck zu versorgen?"

„Gern, vielen Dank!", sagt die Frau, „das wäre nett!"

Emma will wissen: „War das jetzt höflich oder war das nur nett?"

Herr Großejakob lacht. „Beides! Auf jeden Fall gehört Hilfsbereitschaft ganz oben auf unsere Höflichkeitsliste."

Tim mault: „Da haben es Erwachsene ja leicht. Die sind groß und stark!"

Das lässt Herr Großejakob nicht gelten: „Es geht nicht nur ums Kofferstemmen. Zu Hilfsbereitschaft gehört alles, was einem anderen Menschen hilft ... Überlegt mal, was euch dazu einfällt!"

… Papa die Tür aufhalten, wenn er mit vielen Tüten vom Supermarkt kommt!

… wenn einer zwanzig Tüten hat, ihm eine abnehmen.

… einem älteren Menschen beim Treppengehen helfen.

… die Garagentür aufmachen, wenn Mama mit dem Fahrrad ansaust.

… einem jüngeren Kind beim Anziehen helfen.

… einer Freundin oder einem Freund suchen helfen, wenn etwas verloren gegangen ist.

… sich bücken, wenn etwas runtergefallen ist, und beim Auflesen helfen.

… einem anderen Kind etwas leihen, wenn ihm etwas fehlt.

… jemandem im Bus oder in der Bahn den Sitzplatz geben, wenn er wacklig auf den Füßen ist.

„Das Beispiel mit dem Bus- oder der Bahnfahrt ist prima", sagt Herr Großejakob. „Dort passiert es besonders leicht, dass man jemanden anrempelt oder ihm auf den Fuß tritt. So zu tun, als wäre nichts gewesen, ist unfreundlich und gibt eine schlechte Stimmung. Wenn man dagegen zu demjenigen sagt: ‚Entschuldigung, tut mir leid!' oder auch: ‚Verzeihung, das wollte ich nicht!', ist der andere nicht sauer. Und meistens passen dann alle ein bisschen mehr auf, dass man sich nicht gegenseitig im Weg steht."

„Tja!", spricht Herr Großejakob weiter, „und dann gibt es noch das Thema Missgeschick! Missgeschicke passieren aus heiterem Himmel. Zum Beispiel rutscht jemand aus und fällt hin. Wie er da auf seinem Po landet, das kann spaßig aussehen und man möchte loslachen. Aber genau das ist unhöflich: Jemanden auslachen, wenn er Pech hat."

Komm, wir helfen einsammeln!
Ups ... ein Mist-Geschick!

Tim hat Hunger. Er holt aus seinem Rucksack die Dose mit den Apfelschnitzen. Gerade will er den ersten in den Mund schieben, da fällt sein Blick in Herrn Großejakobs schmunzelndes Gesicht.
Und da fällt es Tim ein: Er streckt ihm die Büchse hin und sagt: „Wollen Sie auch etwas? Bitte schön!"
„Vielen Dank, gerne", sagt Herr Großejakob, „das hast du gut gemacht. Beim Essen gibt es übrigens auch ein paar Dinge, die ein höflicher Mensch nicht tut!"

Beim Essen ordentlich sitzen, nicht rumhampeln oder weglaufen!

Beim Essen den Mund zulassen!

Nicht rülpsen, nicht schmatzen,
nicht pupsen!

Nicht mit den Fingern essen, sondern das Besteck benützen!

Beim Niesen und Husten die Hand vor den Mund nehmen!

Der Zug wird langsam und fährt in den Bahnhof ein. Tim erkennt Tante Kitty schon von Weitem an ihrem grasgrünen Sommerhut. „Ich seh' sie, ich seh' sie!", brüllt er. Auch Emma hat es jetzt eilig. Sie reißt ihre Jacke und den Rucksack vom Haken und drängelt nach draußen in den Flur des Zuges.

Herr Großejakob tippt die beiden Kinder an den Schultern: „Langsam!", sagt er. „Drängeln ist nicht nett, und es nützt auch nichts. Davon geht es nicht schneller. Einer nach dem anderen geht am besten!"

B2
P.28t

Endlich sind alle draußen. Herr Großejakob stellt sich Tante Kitty vor. Tim erklärt: „Herr Großejakob hat uns Höflichkeit beigebracht. Extra wegen dir!"
Tante Kitty lacht laut auf.
„Das ist ja großartig. Dann kann es ja eine fantastische Ferienzeit mit euch geben! Vielen Dank Herr Großejakob!"
„Es war mir ein Vergnügen!", sagt Herr Großejakob und steigt wieder in den Zug.
Im Abteil angekommen zieht er ein weißes Taschentuch aus der Tasche. Damit winkt er so lange aus dem Fenster, bis der Zug verschwunden ist. Tante Kitty sagt: „Ein netter Mann. Und so höflich!"
Da lacht Emma: „Sollst mal sehen, Tante Kitty, das sind wir jetzt auch! Denn: Höflichkeit ist hüpfeleicht!"